Zhongguo Wenhua
Zhishi Duben

中国文化知识读本

庙 会

吉林出版集团有限责任公司
吉林文史出版社

主编 金开诚

编著 李 珺

图书在版编目（CIP）数据

庙会 / 李珺编著 .—长春：吉林出版集团有限责任公司：吉林文史出版社，2009.12（2022.1 重印）
（中国文化知识读本）
ISBN 978-7-5463-1287-3

Ⅰ.①庙… Ⅱ.①李… Ⅲ.①庙会 – 风俗习惯 – 简介 – 中国 Ⅳ.① K892.1

中国版本图书馆 CIP 数据核字（2009）第 223056 号

庙会

MIAO HUI

主编/ 金开诚　编著/李珺

责任编辑/曹恒　崔博华　责任校对/袁一鸣

装帧设计/曹恒　摄影/潘秋明　图片整理/董昕瑜

出版发行/吉林文史出版社　吉林出版集团有限责任公司

地址/长春市人民大街4646号　邮编/130021

电话/0431-86037503　传真/0431-86037589

印刷/三河市金兆印刷装订有限公司

版次/2009 年 12 月第 1 版　2022 年 1 月第 20 次印刷

开本/650mm×960mm　1/16

印张/8　字数/30千

书号/ISBN 978-7-5463-1287-3

定价/34.80元

关于《中国文化知识读本》

　　文化是一种社会现象，是人类物质文明和精神文明有机融合的产物；同时又是一种历史现象，是社会的历史沉积。当今世界，随着经济全球化进程的加快，人们也越来越重视本民族的文化。我们只有加强对本民族文化的继承和创新，才能更好地弘扬民族精神，增强民族凝聚力。历史经验告诉我们，任何一个民族要想屹立于世界民族之林，必须具有自尊、自信、自强的民族意识。文化是维系一个民族生存和发展的强大动力。一个民族的存在依赖文化，文化的解体就是一个民族的消亡。

　　随着我国综合国力的日益强大，广大民众对重塑民族自尊心和自豪感的愿望日益迫切。作为民族大家庭中的一员，将源远流长、博大精深的中国文化继承并传播给广大群众，特别是青年一代，是我们出版人义不容辞的责任。

　　《中国文化知识读本》是由吉林出版集团有限责任公司和吉林文史出版社组织国内知名专家学者编写的一套旨在传播中华五千年优秀传统文化，提高全民文化修养的大型知识读本。该书在深入挖掘和整理中华优秀传统文化成果的同时，结合社会发展，注入了时代精神。书中优美生动的文字、简明通俗的语言、图文并茂的形式，把中国文化中的物态文化、制度文化、行为文化、精神文化等知识要点全面展示给读者。点点滴滴的文化知识仿佛繁星，组成了灿烂辉煌的中国文化的天穹。

　　希望本书能为弘扬中华五千年优秀传统文化、增强各民族团结、构建社会主义和谐社会尽一份绵薄之力，也坚信我们的中华民族一定能够早日实现伟大复兴！

目录

一　会的释义及赶庙会的由来

"众狮献福"是庙会舞狮最精彩的一部分

在很多人的心中，赶庙会是一件非常有趣的事情，其中承载了许多美好的记忆。中国是一个历史悠久的农业大国，人们大多是日出而作，日落而息，一年到头全家人都在几亩土地上忙忙碌碌，难得有休闲和娱乐的时间。"民俗终日劳苦，间以庙会为乐"，在老百姓的眼中，庙会是一个休闲娱乐的好时机。庙会作为中国民族风俗的载体，其中表现出浩如烟海的民间文化，凝聚一定地区的民众的思想感情、理想愿望、道德风尚和审美趣味。庙会作为人们生活文化中的一个有机组成部分，其在文化因素、商业因素、宗教因素等方面都值得我们深入挖掘、认真思考，不断将庙会文化发扬光大。庙会这支华夏风情曲中的交响乐，曾经弦歌满堂，千百年来余音不绝，不断地在华夏大地上奏响，调节着炎黄子孙生活的节奏，贯穿着民众的生命历程。

（一）什么叫做庙会

庙会历史悠久，究其确切的发起原因，现在也不能说得很清楚。但是一般认为，庙会起源于远古时期的宗庙社郊制度——祭祀。早期的祭祀主要是祭祀祖先神和自然神，在祭祀过程中人们聚集在一起，集体开展一

庙会上一派热闹景象

庙会的释义及赶庙会的由来

些活动，比如进献贡品、演奏音乐、举行仪式等，这种为祭祀神灵而产生的集会可以看做是民间庙会的雏形。

那庙会究竟指的是什么呢？实际上，从"庙"和"会"两个字的字面意思也能看出七八分含义来。"庙"，顾名思义，人们首先联想到的就是现在所说的道观寺庙。其实，最初的"庙"是指供奉神灵尤其是祖先神灵的建筑。随着佛教传入中国，"庙"在汉语中主要指称的是佛教的寺庙

庙会上的舞狮

庙会

以及后来中国土生土长的道教道观等宗教性质的场所。"会"早期的意思是指天子与诸侯，或者诸侯与诸侯之间的会见，后来指为了参加佛教、道教的宗教仪式而举办的集会、聚会。所以从字面上的意思就能看出来，"庙会"最初就是指在宗庙附近的聚会，或为了祭祀神灵，或为了参加在某个特殊日子举办的宗教活动，且吸引众多人或信徒参与。其中涵盖了祭神、娱乐和购物等方面的内容。

《辞海》中这样解释："庙会亦称'庙市'。中国的市集形式之一。唐代已经存在。在寺

庙会吸引很多附近的群众艺术团体前来表演

庙节日或规定日期举行。一般设在寺庙内或其附近，故称'庙会'。《平风俗类征·市肆》引《妙香室丛话》：'京师隆福寺，每月九日，百货云集，谓之庙会。'"

关于庙会民间还流传着这样一段故事，大意是：清朝的一位王爷爱逛庙会，有一次逛完庙会回府后，突然发现身上穿的马褂上的金纽扣竟全都不见了。而原纽扣处被偷换成洋火棍即火柴棍。手下人当即报了案并责成九城兵马司速在京城内抓捕人犯。但王爷却提出一个可以不再追究的办法，即在下一个庙会日上如能不被王爷发觉而将东西还回来就可不治罪。等到第二次庙会到来的时候，这位王爷另穿了一件马褂又来逛庙会，周围跟随着更多护驾的人，名为逛庙会，实则观察神偷如何把纽扣还回来。一群人都快逛完庙会了却一点动静都没有，有人暗暗思忖是人太多神偷不敢来了吧！就在这时，不远处忽然有几个醉汉吵起来，不多时便揪作一团打到一起去了，众人的注意力被干扰分散，大家都纷纷去观看这个突发事件。就在此时，有一人突然冲进人群，一低头把一口痰吐在王爷靴子边的地上，随即

赶庙会的人络绎不绝

庙会的释义及赶庙会的由来

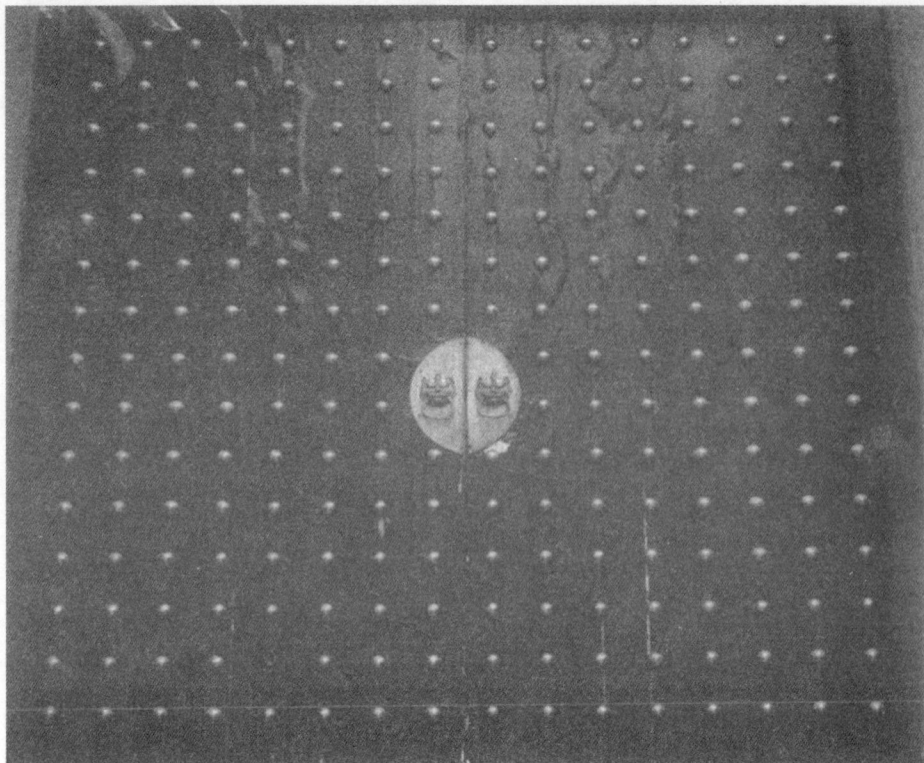

庙会大门一开，迎接各方来客

弯腰，擦拭完王爷靴子后走出人群不见了。

等王爷回到轿子里，觉得脚腕处有东西硌了一下，用手摸时从靴腰中发现一个纸包，打开一看，正是上次被偷去的金纽扣和这次新穿的马褂上加固缝牢的翡翠纽扣。再低头查看时，发现所有纽扣又和上次一样被换成火柴棍了。王爷不觉大惊，然后又哑然失笑，果然不再追究此事。

虽然是一个小小的传说，但是可以看出庙会已经是我国传统的节日盛宴，无论

庙会为大众接受和喜爱

是富人还是平民都愿意参与，反映出民众的
心理和习惯。庙会文化是我国大众文化的一
部分，是一种极其复杂、古老而又新鲜的社
会文化现象，它既是宗教的，又是世俗的，
充分反映了人民群众长期积淀形成的思想意
识、价值观念、行为方式和心理态势。它世
代延续、传承和发展，经久不衰。随着改革
开放和民族宗教政策的落实，城乡各地庙会
兴起，规模可观，值得研究。作为一种社会
风俗的形成，有其深刻的社会原因和历史原
因，而庙会风俗也与佛教寺院以及道教庙观

为了纪念夏禹而建立的禹王庙

的宗教活动有着密切的关系，同时它又是伴随着民间信仰活动而发展、完善和普及起来的。

（二）庙会的分类

庙会是依附于特定宗教场所的宗教活动而发展起来的集宗教祭祀、娱乐游艺和商贸交易于一体的民俗活动。中国的庙会种类繁多，而且在不同的地方，庙会的习俗也都是各不相同。多姿多彩的庙会在祖国各地像一个个三棱镜一样，折射出华夏民俗文化的点滴。中国作为一个农业大国，对于土地的极度关注也造就了中国人民强烈的现实感和实用性心理，在举办庙会的种类上就能很好地体现这个特点。大禹治水有功，人们就修建禹王庙纪念他；包公为民请命，人们就为他修建了包公祠；岳飞精忠报国，人们为了替他伸冤把陷害他的秦桧塑在庙里千年长跪，以表愤怒；农民分得了田地，就在地头上建起土地公公庙感谢他；渔民出海打鱼为了避风避浪，就去拜妈祖庙等等。自然，中国的庙多了，庙会也就多起来了。

关于庙会的种类。其实很不好划分，因为它本身是集祭神、娱乐、贸易为一体的一种群众性集会活动。应该说，只有完全具备了这些功能才能称之为庙会。但是由于时代、地点的不同，风土人情各异，各地庙会的形式和种类并不一致。如江南和华北地区的庙会就存在着某些差别，而城市庙会和农村庙会也有所不同。为了更清楚地了解我国庙会的不同情况，有必要将庙会进行归纳和分析。

从庙会的文化类型划分，庙会基本上可分为世俗型和宗教型两大类。其中，世俗神庙庙会包括土地庙会、山神庙会、水神庙会、

包公祠

庙会的释义及赶庙会的由来

011

包公祠是一组仿宋风格的古典建筑群

火神庙会、雷神庙会等自然崇拜类庙会；人祖庙(伏羲庙、女娲庙、盘古庙)庙会、黄帝庙庙会、仓颉庙庙会、禹王庙庙会等神话中的祖先神庙庙会；孔庙、鲁班庙、关帝庙、岳飞庙等祖师崇拜和英雄崇拜的庙会。宗教神庙庙会主要有吕祖庙庙会、泰山庙会、天师庙庙会、观音庙会等，而

泰山南天门

后者已经基本改变佛教的教义，逐渐地融入世俗精神。

世俗神庙是庙会文化的最重要成分，但也必须看到，各类型之间的庙会文化并非泾渭分明，而是相互间存在着千丝万缕的联系。世俗神庙庙会的形成基础是原始信仰中所产生的自然崇拜、灵魂崇拜，即泛神信仰。世俗神庙庙会的显著特点即在于请神的质朴性，即产生于民族文化的深层土壤中，为人们所熟悉、所理解。世俗神庙庙会是整个庙会文化的底色，在此基础上，形成了道教神庙庙会文化，之后，佛教神庙的进入，打破了传统的民俗文化格局，整个庙会文化呈现出多元化的面貌。中华民族文化的世俗神庙在民间信仰中的意义犹如底色的文化存在，它有力地影响着人们的社会生活，也同样影响着其他文化现象，如宗教信仰等。世俗性的神及其庙会习俗在整个庙会文化中具有核心意义。

宗教信仰意义的庙会主要有两种，一是道教神庙会，一是佛教神庙会。二者都不同程度地在世俗神庙庙会基础上发展，显示其独特的文化个性，这种宗教信仰意

寺庙一景

义的庙会在某种程度上使世俗神庙庙会的文化意义提升到一个新的境界。这样，在一个相互影响的大循环大补充的环境中，庙会文化才得以红红火火、如火如荼地存在于我们今天的社会之中。

道教神庙会中，神祇大都是在土生土长的基础上被道教文化所吸收运用，其本土色彩是异常浓郁的。道教神庙会的文化内容是一个庞大的信仰系统，其中典型的庙会如泰山庙会群，遍布中原的东岳大帝庙、碧霞元君庙等庙宇，分布最广的当推各色老君庙、天师庙、文昌庙和玉仙圣母庙，包括被道教

药王庙

庙会的释义及赶庙会的由来

泰山庙会是典型的道教神庙会

化的黄帝庙，在民间具有广泛而深入的影响。这里一个重要的问题是道教徒在宣扬自己的信仰时，积极主动地吸收了世俗神的信仰，在此基础之上借助神话，采用古老的王权政治的造神传统而到处封神加冕，以"玉帝""神仙""老君""后""祖"为名的神庙一时在民间星罗棋布，特别是与风水文化联姻后，庙会的意义就更加复杂。总体上讲，道教神庙会在信仰崇拜的基础上有意识地对世俗神加以改造。

在佛教神庙会中，一个最为突出的文化特征就是佛教文化的中国化。诸如佛祖，在很大程度上吸收了中国的祖先崇拜。诸如观音菩萨，更多地吸收了中国的女神崇拜、生殖崇拜，特别是子嗣意义上的信仰崇拜。更不用说韦陀、关羽的护法意义对中国世俗文化的明显吸收和改造。佛教寺庙的神像衍生的诸多故事，合理地运用中国传统的风物传说、人物传说，而表现独特的信仰意义。同时，佛教文化在石窟、碑刻、庙宇诸方面的造神活动，以更宏大的气势影响、冲击着民间信仰。佛教信仰之所以非常广泛的被中国民间所接受，一个很重要的因素在于它与中国世俗文化一样同属于东方文化，在文化个性上有许多相近似的地方，再者，它关于苦难和生命的哲学适于中国世俗的人生观，佛教信仰作为更高的哲学意义的人生经验的总结，在一定程度上启发了中国人民对于苦难的精神克服和超越。

从庙会的性质上划分，有以娱乐活动为主和以商业活动为主的两类。娱乐活动为主的庙会主要是借庙会游春，此种庙会以游乐为主，宗教与商业活动是次要的，参加游乐的人又以妇女为主。如旧历正月十九日白云观的庙会，又称为"宴九节"或"燕九节"，仕女赴白云观游宴，便有此风。又如三月初

五岳独尊的泰山香火不断

庙会的释义及赶庙会的由来

土地庙

三之蟠桃宫，仕女多在东便门内柳阴下走马射箭，谓之为"踏青"。《天咫偶闻》中记载："太平宫，在东便门外，庙极小。岁上巳三日，庙市最盛。盖合修葺、踏青为一事也。"此种庙会可名为"春场"。明人著《帝京景物略》曾记明代迎春时在东直门外五里为"春场"的故事，并附言庙会。每年农历三月二十七是传说中的天后诞辰，届时天后宫会举行盛大的庙会，当地群众则组织各种民间文艺花会前去表演。传说，清朝康熙皇帝曾亲临天津欣赏天后宫花会，并钦赐了会旗，所以，后来天后宫花会就改称为"皇会"。

商业活动为主的庙会，在庙宇中设定期市集，交易百物，故又称为"庙市"。《旧京琐记》中写道："京师之市肆，有常集者，东大市、西小市是也。有期集者，逢三之土地庙，四、五之白塔寺，七、八之护国寺，九、十之隆福寺，谓之四大庙市，皆以期集。"这类庙会主要内涵是"市"，决定因素也是"市"。这些庙会为开市而开市，开庙即开市，开庙日期根据贸易需求而定，不与宗教节日挂钩，庙会期间，商人祀神以求利市，信徒进庙烧香叩头，皆是小规模的，附属于市的。上海的龙华庙会是农历三月游龙华寺（位于今徐汇区龙华镇）、赏桃花的节日盛会。

孔庙

庙会的释义及赶庙会的由来

庙会一般自三月十五日开始，至二十八日结束。早在明末清初，民间就有"三月三，上龙华"的说法。龙华古刹，近水临街，巍峨庄严。每逢三月间，十里桃花，艳若红霞，车马舟船，川流往来，毂击辔连，舳舻相接，游人香客纷至沓来，是为赶庙会。旧时，庙会多售农副产品，如竹林藤器、香烛、龙华稀布、瓜果菜蔬和净素风味小吃等。

如果从庙会举行的时间来划分。又可分为定期庙会和临时性庙会两种。定期庙会是在时间上相对固定的一种庙会形式。庙会文化活动一般都安排在宗教节日或民俗节日期间进行，如在端午节、清明节、元宵节时，我国许多地方都有赶庙会的习俗。有些大都市，由于人口经济繁荣，除了节日有庙会活动外，还逢某某日便开庙会，如清代的北京城，"有的寺庙逢单、双日开市（即庙会），有的逢三开市"等。而有些庙会不需要定期开展，只是在有需要的时候临时补充，即临时性的庙会。

这是大致的分类。其实在明清以后，各地区、各民族的庙会文化活动，随着自然条件、民族的自身习俗的不同而各有特

佛教庙会是宗教神庙会的一部分

庙会

色，庙会文化活动已有了相对固定的形式和内容。庙会是一种特殊的集市，我们从庙会的名称（如二郎神庙会、娘娘庙会、东岳庙会、关公庙会、药王庙会、香火会、迎神赛会，城隍庙会、张公祠逢会，双林寺庙会等等）中可以看到，庙会最初是关乎信仰与鬼神崇拜的节日，是寺庙的节日，也是信仰者的祈求与还愿的日子。每一个庙会背后都会有一段动人的故事。

（三）为什么要"赶庙会"

庙会和村镇存在的那种集体贸易不同，庙会体现出的更多的是一种心理上的情结。村镇的贸易集市中没有精神层次上的震撼，多是一个固定的日子，四方乡亲赶来买卖就罢了，很随意，没有固定的仪式和必需的准备。而庙会不同，庙会是有目的性的，有一定宗旨的，人们按照一定的组织程序和活动模式，把各种崇拜的神或者信仰的形象和群众的精神寄托撮合在一起，这种撮合是群众自发的、自愿的，参与者没有什么规定的义务和责任，不管什么地方有庙会，富人穷人都可以自由参加。

庙会中的各种活动非常吸引老百姓的眼球，平时百姓的生活比较枯燥，庙会中丰富多彩的活动正好丰富了大家的业余生

慈恩寺大雄宝殿

庙会

庙会上的娱乐活动——舞狮

活。在庙会的迎神活动和庙会娱乐活动中，演戏往往是必不可少，乡间有"高搭戏台过庙会"之说，在举行庙会的时候大都会请来好戏班唱戏，凡经济实力雄厚的庙会都会邀请当地最有名的戏班和最有名的戏角。而每逢庙会开庙搭台唱大戏的时候，许多人都会从四面八方涌到这里，因为看戏是老百姓最喜欢的一项活动，而来参加庙会的这个过程，在民间就俗称"赶会"或"赶庙会"。在这里，你信神也好，不信神也罢，无论你来干什么，均行自便。所以，来到庙会的人不一定是为了敬神，更多地是为了放松身心和感受热闹的氛围。关中人有个习惯，把参加庙会活动叫做"看热闹"或者是叫做"逛

人们手持香火祭拜求福

庙会”，一个“看”字，一个“逛”字，道破了许多人的心理，从中可以看出百姓来的目的就是为了看热闹、找乐子。

清末蒲城有个楹联家叫吴克联，有一年为家乡的庙会写了这么一副对联贴在戏台的两边。上联是：看光景即速到场，为买些东东西西，设立三天大会；下联是：这热闹不纯是戏，还借它吹吹打打，惊醒三月闲人。老百姓就是这样实际，在那封闭式小农经济时代，庙会便有了动员生产、督促生产的意味。有的人上庙会完全是为了看戏踏青、吃吃喝喝、会亲访友、交际贸易。有的甚至连这点小小的目的都没有，就是兴之所至，是维系一种习惯，为了保持一种风俗。就是因为庙会是我国民间较为普遍的一种结社形式，参加庙会的人没有政治经济上的联盟，只是想在寻觅精神上的出路方面与周围的人相协调，于是庙会又是一种具有多方面潜在功能的重大活动。

不仅老百姓喜欢来赶庙会，一般大型庙会也是各色人等汇聚之处，算命看相、江湖郎中、唱戏的、耍杂技的、僧人道士等各类人物，其中商人小贩和江湖艺人最为活跃，也是最引人注目的。庙会中的商人以小商小贩为主，这些人中，有磨剪刀的、小炉匠、修洋钱的、焊桶补壶的、钉碗补盘的、收破烂的。很多货郎肩挑百货，摇着货郎鼓贩卖针线脂粉之类。游方郎中也是引人注目的人物，他们或摆药于市，一块白布上写满能治之病，或者游街串巷行医。

小商小贩、坐贾行商是庙会集市的中心人物。他们奔走于城乡之间流通物品、传播信息，商人的流动性与开放性特征给农村生活注入了活力，也带动了文化风俗的传播与变化。雁北忻州一带的集市庙会，买卖牲口是大宗，牲口买卖价格、牲口的好坏甚为重要，所以懂行的商人在买卖中起很大作用。他所熟悉牲口口齿年龄及好坏，有拍骡马的

庙会上的小商贩

庙会的释义及赶庙会的由来

庙会香火鼎盛

经验。对于牲口，精明的商人总结出的经验是："牛要肩头高，马要屁股大"，"前膛宽，屁股圆，一定能用几十年"，"上选一张皮，下选四个蹄，前胸膛宽，后屁股齐，用手一摸，毛密不密"。

同样是卖东西，庙会上卖与平日里的交易多少有些不同。庙会的交易有其特别的地方。庙会上人很多，可是要把人吸引过来买东西可不是件简单的事情，很多卖主是想尽办法变着法儿的吆喝叫卖。尤其是那种在各个庙会中打"游击"的小商贩，像卖针线、卖膏药、卖鼠药等不起眼的小玩意的商人，他们有很多经验。他们往往先表演一段颇为精彩的节目，吸引观

龙潭庙会喜迎新春，十分热闹喜庆

众围拢而来，然后把他们转化成自己的顾客。有的商家叫卖声短小，往往是重复地说唱着自己货物的名称，但是唱起来音调有起有伏，有长有短，很是入耳；有的叫卖声比较长，词儿比较丰富，不光是叫人买东西，还诙谐有趣。

于是，庙会上常常叫卖声此起彼伏，热闹非常，成为庙会生意的一大特色。小贩一边忙活手中的活计，一边不时地敲打出悦耳的节奏，口中还不停地吆喝出婉转动人的叫卖声，听来十分有味儿。按照他们的方法吸

庙会前夕，一切准备就绪

引顾客来，就是"有钱帮个钱场，没钱捧个人场"，造出一种热闹的声势，以招徕更多的顾客。

来赶庙会的人群中的另一个重要角色是江湖艺人，他们表演戏法魔术、杂技、武术及民间的戏法，有的艺人迫于生计，往往是兼习数业，都是多面手。他们见多识广，还可以为人看病、算卦卜命。有的武术艺人也兼为票号商人做保镖，并收带徒弟，传授武艺。庙会中的江湖艺人大部分平时在外演出，他们一般不会羁留在一个地方，往往会给自己安排一个时间表，把方圆百里的庙会时间记录下来。然后按照时序奔走于各个庙会场所，只有到年底时候才会回家与亲人团聚，开春之后再出去卖艺。有时农忙的艺人会在家干活，农闲出来演出。这些艺人过去被称作优伶，百姓也称其为变戏法的，耍杂技的，耍武术的，他们的社会地位不高，多为生活所迫而操此行业。

这些艺人多以个体艺人或家庭人口为单位，流动性很强，四处漂泊，走南闯北，来往于各个庙会城乡。如清代山西陈四一家，各怀绝技，外出卖艺，逐渐发展成为一个一百三十多人的戏班子。他们云游四方，凭

北京厂甸庙会上的艺人

庙会的释义及赶庙会的由来

庙会耍帆表演

借耍杂技功夫，走钢丝、变戏法、兼及算命卜卦，子辈相传，甚至远走到河南、湖广、云贵等地。这些演戏班子，有男有女，在庙会期间，摆地划圈，进行表演、靠人施舍，生活并无保障。《汾州观太平封妇瓮戏》中说："新年庙会百戏陈，扮演牛鬼兼蛇神。陆见平地累几案，鸣钲四顾招游人。"其中所讲，就是清代山西汾州太平村庙会中一个女艺人演出的状况。

在《北平庙会调查报告》中记载，1937年的北京土地庙会、护国寺庙会上的杂耍场所竟有20个之多，海王村及隆福寺庙会也有五个杂耍场。杂耍场一般搭建简单，好一点的用布幔围上四周，仅留一处开口，里面摆上桌子条凳；差一点的就只在空地上摆上桌子，艺人站在桌前表演，观众三面观看；最次的，在地上画个圈便可算作场子了。场子虽然简易，但是杂耍场的表演却是五花八门，通常有大鼓书、相声、拉洋片、变戏法、武术、摔跤等等。而观看杂耍说唱的人，总是围得里三层外三层的。

在庙会上，这些民间艺人也会因身手不凡而大出风头，甚至因此声名鹊起，以至于身价百倍。清末，活跃于庙会的非常有名的曲艺艺人有说相声的仓儿、王麻子，唱太平歌词的大个儿王等。民国初年至20世纪30年代的艺人有说相声的华子元、小张麻子、陈大头、罗荣寿等等。到庙会表演的艺人，都会亮出自己的绝活以吸引更多的观众捧场。山东岱庙庙会在其繁盛时，曾吸引许多说唱艺人赶会。在快书上很出名的于小辫（于传斌），他常在岱庙附近的茶馆表演，在茶馆里，听众一边喝着茶水嗑着瓜子，一边听于小辫说快书。于小辫最拿手的是《说蛤蟆》，他的腔韵富有变化，"有九腔十八调，七十二哼哼"的说法，快板夺字，优美

庙会上的高跷表演

庙会的释义及赶庙会的由来

庙会上赶集的人们

动听，学什么像什么，南腔北调，惟妙惟肖，他也因为快书说得好而在当时红极一时。除了说唱艺人设场卖艺，岱岳庙会还有挑皮影、拉洋片、玩大箱、玩刀枪、玩猴等表演活动。

与花会表演和一些固定仪式活动具有娱神色彩不同的是，庙会上的曲艺、杂耍等表演大多都是民间艺人谋生的手段。他们借庙会的人气，设场卖艺，招揽观众。艺人们精彩的表演给庙会增添了欢乐的色彩，使得庙会这个民间艺术展演的大舞台更加瑰丽多姿。

各类神庙遍布全国，在神灵诞生的日子、在春祈秋报还神送神的寺庙节日之时，求子的、祈寿的、求神消灾免病的、还愿的等都汇集于寺庙。除了求神拜佛、烧香叩头者之外，还有许多看热闹的、游玩的和其他目的的人汇集而来。众多的人为饮食服务的产生提供了条件，敬神拜佛又为香纸买卖创造了市场，附近的居民便借机出售自己的农副产品，远近的商贾也携货而来进行交易。这样，庙会的内容也就丰富起来，同集市一样，在农村社会及农民生活中起到了不可替代的作用。

二、庙会文化的发展历程

（一）庙会的渊源

庙会的起源，可以一直上溯到古老的社祭。上古之时，"庙"并不指寺庙，因为那时还没有佛教道教，当然也无后世所谓的寺庙。上古的庙，只是指帝王、贵族祭祀祖先的宗庙。《诗·大雅·思齐》："雍雍在宫，肃肃在庙。"又《周颂·清庙序》："清庙，祀文王也。"郑玄笺："庙之言貌也。死者精神不可得而见，但以生时之居立宫室、像貌为之耳。"传说这种庙始于轩辕黄帝。宋高承《事物纪原庙》云："《轩辕本纪》曰：'帝升天，臣豪追慕，取几杖立庙，于是曾游处皆祠'云，此庙之始也。"《说文解字·广

大殿前准备祈福的人们

济南千佛山庙会

部》："庙，尊先祖貌也。"段玉裁注："古者庙以祀先祖，凡神不为庙也。为神立庙者，始三代以后。""庙"既不是寺庙，"庙会"之"会"本也不是后代平民百姓的一般聚会。在上古，"会"是特指天子与诸侯或诸侯之间的一种定期会见，是一种极重要的政治外交活动。这种"会"，须在天子或盟主的宗庙中进行，通过对先王的祭祀而完成，用以示一体、分远近、明君臣，十分郑重。显然，这种庙会一般人不可能参与，因而与后代的所谓"庙会"也相去甚远。

"庙"与"会"的连用，最早见于《论语·先进》"宗庙会同，非诸侯而何"一语。虽然

庙会文化的发展历程

香火旺盛的庙会

孔子这话是把宗庙祭祀与诸侯盟会作为两件事说的，但这两件事的密不可分和"非诸侯而何"所表明的（宗）庙会（同）的严肃性、重要性却由此而见。后来，"庙""会"又进一步连在一起，如《后汉书·张纯传》："元始五年，诸王公、列侯庙会，始为祀祭。又前十八年亲幸长安，亦行此礼。"以上就是庙会一词较早的文献资料。即便不从孔子算起而从《后汉书》的作者范晔算起，也已经有一千五百多年的历史了。而那时它们的含义，都是隆重严肃的宗庙祭祀活动。

古代在祭祀天地山川诸神时，以乐舞作为娱神的方法和人神沟通的手段。这可以追溯到原始宗教产生之时。殷商甲骨卜辞中，就有商王亲自以羽舞祭四方之神的记录了，如："戊子贞：王其羽舞，吉。"到了周、秦、汉代，非乐舞不能致神的观念更加强化。《周礼·春官·大司乐》说："若乐六变，则天神皆降，可得而礼矣……若乐八变，则地示可出，可得而礼矣……若乐九变，则人鬼可得而礼矣。"古人似乎认为，天地神灵人鬼，都是好凑热闹的，非用热闹的乐舞是请不出他们

每逢节日，有众多群众前来烧香拜祭

庙会文化的发展历程

上香祈福的人们

来的。因此，自远古起，飨祭或祈祷，总是少不了音乐和舞蹈，这就给后世庙会举办各种娱乐活动提供了依据。

另外，古代重大祭祀总是定时定点，对后世庙会也有直接的影响，特别是历代帝王不断以诏令形式建立各种祭祀，规定时间地点内容等，更加强了这方面的影响。正因为后世的庙会从名称到内容，甚至定点定时等形式，都无一不存在着上古祭祀的影子，所以我们说，它的起源应当追溯到上古的祭祀。但是，上古祭祀特别是帝王参与并主持的祭祀所固有的严肃性、神

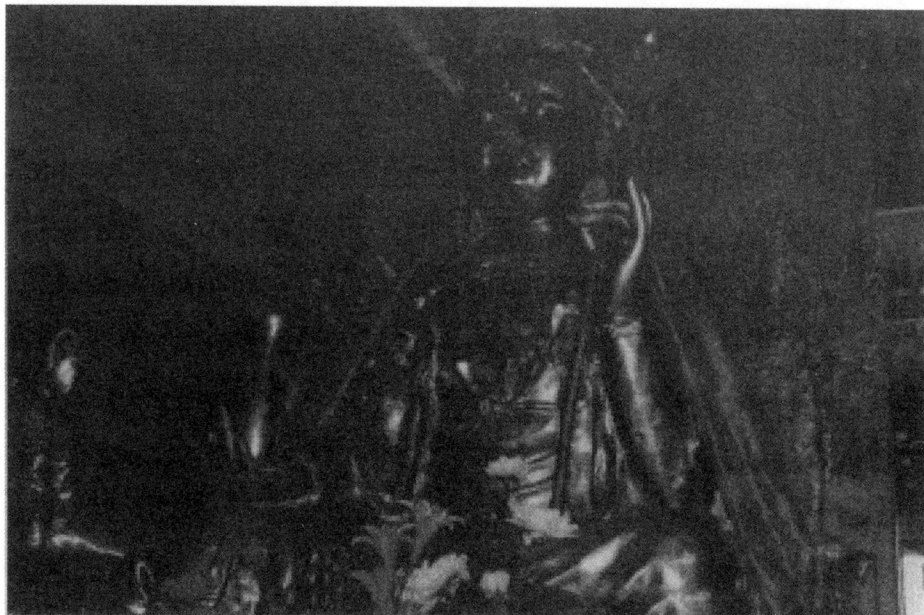

人们相信神灵、菩萨会给自己带来好运

秘性，又使它与后来民间的庙会愈来愈不同。特别是后来民间庙会最明显的群众性和商贸气氛的特点，不是上古祭祀所具有的。

在漫长的远古社会，庙会和崇神是一体的。由于生产力的落后以及人们对生存的渴望，这个时期庙会的经济功能没有显现，而更多体现的是其帮助人们生产收获的功能，人们祈祷神灵，祈求风调雨顺，农业生产丰收。一直到商周时期，庙会都是一种不自觉的活动。周代，王为群姓立社，称为太社，自为立社，称为王社；诸侯为百姓立社，称为国社，自为立社，称为侯社；百姓二十五

庙会上人头攒动

家为里，里各立社，称为民社或里社，而社神是土地神，为民社的精神支柱，民众向社神祈求风调雨顺，都要进行社祭。社祭时要有舞乐。

战国时期农业生产力的发展因为铁器的使用而更加迅速，人们认识社会、自然和自身的水平大大提高，随着祭祀活动的进一步集中和市场的拓展，以庙会为中心的经济市场就更加繁荣了。这时候庙会从城镇为中心转变为向广大乡村扩散，尤其是庙会经营主体——商贾开始活跃起来。作为一种文化传统和经济活动，这种状况到秦代并没有大的变化。

（二）庙会的形成

汉代以后，庙会向多元化转变。汉代庙会的主体性质因为佛教文化的传入而发生了变化。东汉时期佛教开始传入中国，从此，佛教文化如滔滔洪水般涌向中华大地。伴随着佛教教义的传播，佛寺星罗棋布于中原地区的名山、巨邑、小镇。许多著名的寺院如洛阳白马寺、开封相国寺、登封少林寺、临汝风穴寺、镇平菩提寺、石佛寺及瓦宫寺、信阳灵隐寺、光山净居寺、安阳高阁寺、济源盘谷寺、辉县白云寺、

汝南小南海、永城崇法寺、许昌文明寺、项城高丘寺等，如雨后春笋，林立中华大地，并留下了许多神奇的传说。于是，崇佛庙会应运而生。到了唐代，唐太宗下诏在地方监理寺庙，设置译经院，延请国外名僧。贞观时期玄奘西游，成为中外文化交流史上的美谈。尽管后来历史上曾经发生过"三武一宗法难"，即北魏太武帝拓跋焘、北周武帝宇文邕、唐武宗李炎、后周世宗柴荣"禁佛、灭佛"事件，他们将血腥笔墨泼溅在中国佛文化的历史画卷上。但"禁佛、灭佛"没有使佛教销声匿迹，佛教文化依然发展。同时，这一时期道教也逐渐形成。佛教与道教之间展开了激烈的生存竞争，在南北朝时都各自站稳了脚跟。

唐宋时代的经济高度发展，佛教和道教都达到了自己的全盛时期，道教文化经过帝王们的倡导迅速地繁盛起来。道教文化是强大的本土文化，庙、台、祠、宫、观、庵等道教建筑在中原地区的分布十分密集。如登封中岳庙、洛阳关林庙、桐柏淮渎庙、济源济渎庙、汤阴文王庙、洛阳周公庙、内乡文庙、淮阳人祖庙、西华女娲庙、商丘阏伯台、鹿邑太清宫和老君台、浚县碧霞宫、济源王屋山奉仙观和阳台宫等，还

三圣宫庙会

庙会

现代人们喜欢上"高香"

有各地的龙王庙、天爷庙、祖师庙、娘娘庙、火神庙、土地庙、城隍庙、关爷庙、山神庙、河神庙、禹王庙、圣母庙、二郎神庙、泰山庙等，数不胜数。这些庙宇为日后庙会的发展奠定了基础。尤其是北宋时期，中原地区一度出现了经济大繁荣和文化大繁荣，以东京开封为中心的城镇经济迅速发展，庙会亦应运而兴。

在各种庙会的开展过程中，各地都煞费苦心地创造出一系列的宗教活动，如水陆道场、坛醮斋戒、诞辰庆典、开演俗讲等等。名目繁多，却都通俗热闹，不拒俗众。它们与上古祭祀截然不同，前者严格限制参加人员的范围，后者则尽可能招徕群众；前者仪式中的乐舞活动是

为了娱神，因此娱乐中渗透着神秘和严肃，后者更注重的是媚众，因此神秘严肃的活动掩盖不住欢娱，正由于这些不同，才使善男信女们趋之若鹜，乐此不疲。加之历代皇帝也几乎无一不好此道，经常推波助澜，致使这类活动多具有"轰动效应"。只是在佛、道二教传播早期，常常需要用主动走出去的方式去扩大宣传、争取群众。如佛教的"行像"活动就是如此。所谓"行像"，就是把神佛塑像装上彩车，在城市街道上巡行的一种宗教仪式。这种形式的活动常常吸引大批民众前往观看，往往形成万人空巷的场面。自南北朝至唐、宋，"行像"已经具有了固定的时间和群众性、娱乐性特点，但流动性太大，更像庆祝节日的大游行，因而它还远不是后世的庙会。随着佛、二教的发展，"行像"这种主动走出去的活动逐渐减少，代之而起的是定点、定时的法事活动，即在寺、观中设道场，坐等信徒俗众来顶礼膜拜、斋戒听讲等。事实上，自南北朝至唐宋，社会生活已被佛、道二教所渗透，历史上是所谓"崇佛"、"敬道"的时期。不知不觉中，整个社会已经染上了"宗教狂热症"。就在这个过程中，原属上古原始信仰的许多民间祭祀

庙会上卖茶的商家

庙会结束了，人群和烟雾仍未散去

活动，也渐渐被佛、道二教浸染，唐宋之后，更几乎形成了非佛、道不成祭的局面。

到宋代时也出现了一些新的情况，原来属于民间信仰的祭神活动，纷纷与佛道神灵相结合。原来民间在家中或乡间里社中举办的一些祭祀神灵的活动，纷纷挂靠上了佛教或道教的神灵，由乡间里社逐渐转移到了佛寺和道观中进行，民间的各种社、会组织也主动前往集会助兴。于是在佛、道二教的各种庆典节日时，人们也主动组织各种社、会，到寺庙、道观及其附近去祭酬或庆祝集会。这样，寺庙、道观场所便逐渐成了以宗教活动为依托的群众聚会的场所了。这些宗教活动逐渐世俗化，也就是说更多的是由民间俗众出面协商举办。这种变化，不仅大大增加了这些活动自身的吸引力和热闹程度，也使这些活动中的商贸气息随着群众性、娱乐性的加强而相应增加。在宗教界及社会各界的通力协助下，庙会活动得到进一步的发展。

从这个时候起，庙会活动从原来的由宗教界独自办、主动办，世俗人被动参加，变为宗教界与社会各界联合办，甚至是社会各界主动办，宗教界被动配合的局面了。这种变化，不仅大大增加了这些活动的吸引力和热闹程度，也使这些活动中的商贸气息随着

庙会上游人击起鼓点

庙会文化的发展历程

庙会上的小商品

群众性、娱乐性的增加而相应增加。就这样，这类活动形成了宗教与民俗"风助火势，火助风威"相得益彰的形势，并终于发展成为不可遏制的蔚为大观的局面。佛与道或分庭抗礼，或相互渗透，使庙会文化更加丰富。

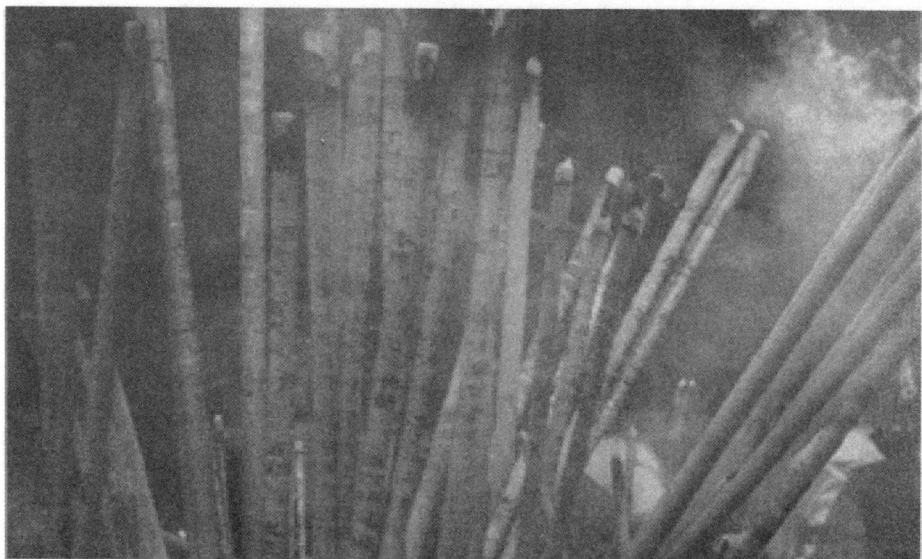

虽然这一时期的庙会不论从其数量还是规模上，在全国都已形成蔚为大观的局面，但就庙会的活动内容来说，仍偏重于祭神赛会，而在民间商业贸易方面相对薄弱。庙会的真正定型、完善则是在明清时期，并且延续到近代。

（三）庙会的兴盛

尽管宋末在佛寺、道观及其附近，由世俗或宗教界搞起的许多定点、定时、定内容的活动，已经具备了群众性、社会性、娱乐性的特点，并因此产生了越来越浓厚的商贸气息，从而已经基本具备了我们所说的庙会或庙市的形态和特征，但是，直到元末明初，仍仅把这类活动叫做"会"。其他酬祭活动，也只有"火社"

拜佛的僧侣

或"赛庙""赛会""赛神会"等名称，就是没有"庙会""庙市"的叫法。

明代是庙会昌盛的重要转折时期。"庙会"或"庙市"的叫法出现于明代中后期。当时城乡商业贸易不断发展，在这时"庙会"才有了自己正式的名称并很快兴盛起来。随着经济的发展和人们交流的需要，庙会就在保持祭祀活动的同时，逐渐融入集市交易活动。这时的庙会又得名为"庙市"，成为中国市集的一种重要形式。随着人们的需要，又在庙会上增加娱乐性活动，突出商贸功能，从而成为人们经济生活、精神生活和文化生活的重要组成部分。经济的飞速发展，使得在洛阳、黎阳（浚县）、陈州（淮阳）等规模较大的城镇大兴土木、建造庙宇成为可能。明代手工业的繁荣，刺激了生产力的发展，也促进了经济和文化的繁荣。庙会在这种背景条件下比以往任何时期都要繁密，从规模上、类型上和对地方的影响作用上，都大大超过了以往任何时期。

明代庙会有一重要的特点，就是"行会"或者称为"会馆""公所"的大量兴起，使

许多人赶庙会上香求子

庙会文化的发展历程

庙会更加秩序化。中原地区出现许多"山陕会馆"，他们敬祀关羽，立祠建庙，特别是建造戏楼等祭祀场所，使庙会的影响和作用进一步扩大化。行会，是封建商人和手工业者的组织。它大约开始于隋唐时期，唐宋时期成为"行"，宋元时期，一直到明初，称"团行"，明代中叶以后多称为"会馆"，后来又称为"公所"。它对会聚庙会的主体——商贩和手艺人，起着十分重要的作用，承担起庙会的组织者、管理者、经营者的角色。

这时的很多官方文件中记录了"东岳庙会""关王庙会"等庙会，也有不许越

烧香拜祭所需要的香烛

民间认为舞狮可以驱邪辟鬼

境参加庙会活动的禁令，可见当时人们纷纷不远数千里去赶庙会、进香斋僧，以致演成蔓延失控之势，成为社会问题，官方才不得不有所约束，明令禁止这类跨地区的活动。正因为当时庙会已很兴盛，同时期的小说、诗词等文学作品，也纷纷对庙会、庙市进行记录描写。"凡百般货物俱赶在城隍庙前、直摆到刑部街上来卖，挨挤不开，人山人海的做生意"，"衢巷气蒸纷鹜走，殿庭香绕吻鸥含。官虽屏从犹遮扇，客匪祈神亦住骖。廊庑肯容存隙地，工商求售厌空谭……行丐酡颜疑魆蜮，募僧黄面比瞿昙。摩肩逐窄恒如仆，触鼻尘污似若甘"，这些描述让人如临其境，仿佛看到那庙会上，官员、客商、乞丐、募僧，各色人等，不分贵贱，挨挨挤挤，弄不清谁是来参谒神灵的，谁是来买东卖西的，谁又是来趁热闹游玩的。

当时"庙会"或"庙市"已经成为社会生活中的重要内容。并且那时赶庙会的

北京地坛庙会上的斗空竹表演

庙会

佛像

人中，真来礼神拜佛的人少，买卖东西的人也不占多数，占绝大多数的是看热闹的观光游客。可见，由于历史和社会多方面的原因，当时庙会的内涵已决然不是上古的"庙会"，也不同于唐代以宗教宣传为主的各种法会，同时它也不是宋代俗众、宗教界联合或单独举办的各种"社"或者"会"，今天农村中的集市更不能与之相提并论，它已经发展成一种依托宗教庆典祭拜节日、在佛寺道观及其附近形成的集游艺、商贸、宗教于一体的大型民间聚会。

到了清代，这种庙会继续发展并有了一

仓颉庙是仅存的纪念文字发明创造者的庙宇

些新的特点。乾隆年间，碧霞元君庙会是当时北京庙会之最。这个庙会清代一直持续发展，到光绪年间达到了鼎盛状态，中心从京近郊的南顶移至远郊京西北昌平的妙峰山。

明清时代庙会以北京首善之区为中心，范围遍及大江南北、长城内外，其形式各地大同小异，名称也如上面涉及的有"庙会""庙市""庙""会""香会"等多种，但其实质内涵都是一样的，只在诸如规模形态、完备程度等方面不尽一致而已。现存各地方志及其他一些当时人的笔记著作，特别是清代的著作中，多有这方面的资料保存。

也许有人认为，明清时代，既有"庙会""庙市"两种称呼，它们也应是两种不同的事情。其实，在开始时，也许有过这种分离的趋势，"庙会"的内容侧重于宗教活动，按节日举行；"庙市"侧重于集市贸易，按月定时举行。然而发展的结果，这种趋势并没能分离成两种不同的事物，相反在一百多年前，这种趋势已不复存在，"庙会""庙市"已混为一义了。最迟到清代末年，"庙会""庙

仓颉庙已有 1800 余年的历史

庙会文化的发展历程

市"已全无分别，所指已经都是一回事了，不过因为城乡商业的繁荣，按月举行的庙市在各地都逐渐减少，多数改为依托节日举行。原来依托宗教节日举行的庙会则多集中在春秋两季，特别是春光明媚的农历三四月间举办的为多。

总之，庙会是从经过数千年积淀的民族文化沃壤中逐渐孕育出来的。它从古代严肃的宗庙祭祀和社祭及民间的信仰中孕育诞生；汉、唐、宋时期，加入佛、道教的宗教信仰和娱乐形式，开始形成；经过明清的进一步完善发展，突出商贸功能，

庙会上的摊床

庙会

佛教绘画

舞狮

置身于宁静的庙宇中，人们便会有一种庄严肃穆之感

从而成为人们经济生活、精神生活和文化生活的重要组成部分，达到兴盛；经过现当代的嬗变并获得重振。庙会在历史发展的过程中不断融合和演变。从庙会活动的主题上看，一开始占主宰地位的对神的崇拜在渐渐衰弱，为人服务的主旨逐渐加重。从活动的内容上看，愈加地世俗化，艺术、游乐、商品交易等在发展过程中上升到主体地位。

三庙会上的活动

因庙会主题的不同，如敬祖的、祭祀的、祈祷的、郊游的、开赛的、集贸的等等，庙会表现出来的文化也是各具特色。庙会上形形色色的人们或拜佛、或郊游、或购物、或嬉戏。

由于庙会适应了当时底层消费者休息时间短且少，收入低消费水平不高的特点，而且大都利用寺庙周围的地界，摊位租金极低，因此养活了一支熟悉庙会业务的赶庙会商贩，他们按月按日逢会必赶到各开市的庙会去出摊。在北京，隆福寺庙会规模最大，据《十大古都商业史略》记载："摊贩云集，游人拥挤，除日用商品土产杂货外，农具什物、丝绒棉线、纸绢绒花、鞋帽布匹、

小吃是庙会上的重头戏，吸引着众多游人

庙会

庙会小吃经济实惠，适合平民的消费水平

儿童玩具、花鸟虫鱼、小动物、零售小吃、
戏曲杂耍、耍中幡、卖野药等等无不具备。"
隆福寺、白塔寺、护国寺三大庙会非常有名，
在护国寺的北门，卖吃食的大多集中在这里，
灌肠、炸糕、元宵、扒糕、凉粉都有，色香
味都不错，吃的人也挺多。庙会的中院除了
卖各种吃食零嘴儿外，还有摆地摊、卖耗子
药、卖蹭油、蹭癣等野药的，一些唱蹦蹦戏
的、唱落子的、变戏法的、拉洋片的，或是
搭个遮风挡雨的布棚，有的干脆就是露天，
只围有一圈麻绳作为象征性的场地范围。这
些演出团体的一个共同点就是：除围有一圈
大板凳外，板凳后面还站有一圈观众，在这

庙会上的活动

圈不花钱白听蹭儿的人当中，既有大人又有孩子。不一会儿就有人拿着簸箩从后台出来，直奔前场冲着观众圈前高喊："打钱了！打钱了！"于是观众纷纷伸手掏钱扔簸箩里，等打完钱再接着看。

大孤山庙会

为了扩大宗教的影响，为了使得香火得以延续，最好的办法就是投百姓之所好——引进人民群众喜好的娱乐活动。如《武林旧事》卷三《社会》中说："二月八日为桐川张生生辰，霍山行宫朝拜极盛，百戏竞集。如徘绿杜（杂剧）、齐云社（鞠球）、遏云社（唱赚）、同文社（清乐）、雄辩社（小说）、锦标社（射弩）、角觝社（相扑）、清音社（清乐）、绘革社（影戏）等。"这些都是当时赶庙会的盛况记载。还有些寺院干脆把"瓦子"搬到寺院中以吸引香客，"东京相国寺，乃瓦市寺也，僧房散处而中庭两房，可容万人"。可见寺庙的很多宗教活动，都吸收了民间的各类文娱活动，而这些文娱活动正是在当时的城市、民间广泛流行的。

（一）宗教活动

庙会的真正形成与宗教祭祀密切相关，与宗教相关的活动是庙会的核心组成部分。人们参加庙会，善男信女们执乐送经进驾者，

庙会上的活动

其目的或是祝福，或是求子，或为求寿，或为还愿，这同信徒们的"朝圣"有某些相近之处。所不同的是，宗教活动在庙会中都有相关的仪式，大抵都包含了请神、迎神、祭神、送神的几个步骤。

当庙会庙期来临的时候，请神和迎神是庙会宗教活动中的重要部分，但是不同的神灵、不同的庙会，请神、迎神仪式的繁简程度、时间的长短、规模的大小也都不尽相同。在请神之前还要进行许多准备工作，如庙会的一定经费及使用方法、确

庙会上的表演

庙会

浚县大伾、浮丘两山庙会盛大的开幕式

定请神人员、安排花会走会和邀请戏班等。
在起会之前，还要打扫庙宇或净坛，悬挂还
愿者赠送的匾额、招贴对联、布置神殿或神
棚等，为请神仪式做好准备。通常打扫神庙
多是妇女为主，她们不但要负责打扫神庙，
在夜间往往还要唱诵经文，进行祈祷，表示
欢迎神灵的到来。明嘉靖《池州府志》中对
请神的记载："凡乡落自（正月）十三至
十六夜，同社者轮迎社神于家，或踹竹马，
或肖狮像，或滚球灯，妆神像，扮杂戏，震

庙会上的活动

甘肃武威文庙大成殿

以锣鼓，和以喧号，群饮毕，返社神于庙。"

在山西平顺县东峪沟九天圣母庙会中，请神仪式十分隆重。一般庙会第一天是请神仪式，包括奉香拈神、排班摆驾、演队戏；第二天是迎神日，主要仪式有跑车圆神、小儿报食、迎神上香会和入庙安神。

有的庙会中核心的部分是祭神这个环节。通过祭拜庙宇中的神灵，神的功德得到了彰显，人们对神的崇敬和祈愿都得到了表达。祭神是沟通人和神的主要渠道，

浚县庙会逐渐成为当地民众自娱自乐的民间文化活动

祭神的方式也是多种多样，如上供、唱诵、跳神舞等。

上供是最为常见的方式。供品是人献给神灵的礼物，人们通过向神灵上供，希望神灵能够护佑自己。人们为了表达对神灵的虔信，不惜财力和心思，竞相向神灵上供。在祭神部分，唱经也是一种常见的娱神活动，在有僧侣的寺庙中，僧侣在庙会期间会诵唱宗教经文，讲述神迹、弘扬神德。而一般的香客为了取悦神灵也会唱诵经文。有的时候，

甘肃武威文庙牌楼

还会有专门唱经的人，哪有庙会，他们就赶到哪里。与唱诵经歌相应的，在一些庙会中，还有跳神舞等祭拜活动，与民间秧歌等舞蹈相比，跳神舞的宗教色彩较浓，并大多与当地的神话传说相配合。

庙会期间许多行会都借此祭祀自己的职业神，如铁匠行要祭老君，铸造业祭祀"炉神圣母"，金银铺还举行"财神会"。唱戏也是为了感谢神灵的保佑，至于专门为敬神而举办的庙会，如关帝庙会、财神庙会、

甘肃武威文庙

药王庙会，其祭祀目的就更为明显了。庙会期间，庙前香烟缭绕，鞭炮声不断，叩头者、贡献者、上香者、扔钱者络绎不绝。庙会的最后一项就是送神收会，几天的热闹和忙碌，大家把神请回庙中继续供奉，庙会也就随之告一段落。

在客家人的民俗中所谓"替菩萨保奏"，实际就是客家人重要的迎神庙会。客家人信仰的是康王神，这位康王神是指唐代安史之乱时抗击叛军死守睢阳而壮烈牺牲的张巡，

山西平遥古城文庙大成殿殿后魁字

睢阳人曾为其立庙塑像奉祀。大概在南宋末年，客家人南迁时，亦将康王菩萨搬到新迁的地方，为其建立康王庙，继续祀奉，称康王为"坊神"。所谓"坊神"就是保护这一方百姓平安的神祇。客家百姓数年来都比较平安，于是认为这是"坊神"保护有功，因此应向天上玉皇大帝报功，请求对"坊神"嘉奖荣封，这就称之为"保奏"。"保奏"时先要成立执事机构，然后向百姓"写缘"（募捐），筹集经费。神会庙产的收入，自然可以用上。有了经费，便请来道士设坛念经，"作法上表"。"作法"时，整天锣鼓齐鸣，管弦高奏，灯火辉煌，香烟缭绕，炮声连天。道士手执令剑，念念有词。青年人抬着"坊神"乘坐的"銮轿"，在道士的指挥下"练神兵"。这时敬香的、朝拜的、看热闹的数不胜数，人山人海，热闹非凡。这样热闹了几天，道士要做的都做完了，便组织队伍到万寿宫去。因为万寿宫里的许真君是江西福主，是神界里的最高长官，大概是要由他转达玉皇大帝的旨意，对被百姓保奏的"坊神"给予什么奖励、荣封什么职位都要由他来执行。

山西平遥古城文庙

　　队伍出发时，一面大旗在最前面引路。这就是庙会的"巡游"阶段，神像巡游往往是整个庙会活动的高潮。旗手要是大力士才行，因为旗面大旗杆长，一般的人是擎不动的。接着是五颜六色的彩旗队伍，这些旗比较轻，青少年都可以扛得起。然后是执兵器的队伍，那些兵器就是原来摆放在庙里的刀枪剑戟（木制的油漆好了），还有扛回避牌的、鸣锣的。再后就是抬神像的队伍。道士们跟在神像后，吹鼓手、炮手（放鞭炮的）又在道士后面，最后面是一年轻人。一路上是锣鼓喧天、唢呐高奏、弦乐齐鸣，炮声更是震耳欲聋。这个队伍不下数百人，旌旗蔽天，浩浩荡荡。当天晚上在万寿宫做完一切应做的事情后，第二天吃完早饭，大家便仍按来时的顺序排队打道回庙。回来后将荣封后的神像放回原位。道士拜完最后一道文书后，就将用黄纸印画的"神符"分发给捐了钱的人家，贴在门上，表示神明保佑，永葆平安。至此，迎神庙会才算结束了。

庙会上的冰糖葫芦

庙会

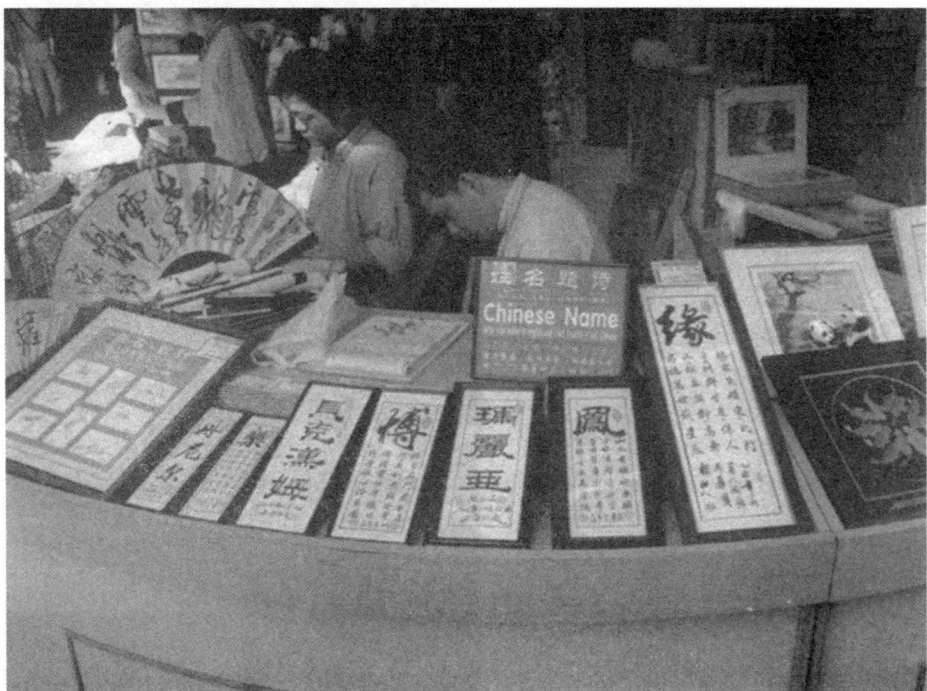

上海城隍庙手艺品

（二）文化活动

　　集市和庙会不仅是农民物资交易的场所，它也是一种社会文化现象，"乡镇立香火会，扮社火演剧，男女游观，招集贩卖，人甚便之"，它是农村社会、文化娱乐、信仰及社会关系的载体。集市与庙会也是一个区域内民俗风情、生活方式等的集中表现。

　　作为一种民俗，庙会比单纯的集市更具社会色彩，它把商品交换、社会交往、宗教信仰、神祇崇拜、问医求药、驱魔修德，娱

陕西西安文庙

乐看热闹、访亲会友等活动集于一身，真可谓五花八门，热闹非凡。庙会上的文化活动各式各样，异彩纷呈。算命打卦的、买卖书籍的、吹糖人的、捏面塑的、耍猴的、吹拉弹唱卖艺的、做气功表演的，使孤寂、

庙会

庙会上的舞龙表演

单调的农村生活充满欢乐。特别是大型庙会更具民俗色彩。

迎神赛会，朝圣还愿中的多种娱乐活动，以仪仗、鼓乐、杂戏方式周游于街巷以表达民间百姓的祈福喜庆之愿。晋南有些庙

庙会上的活动

火神庙

会叫做"迎神赛会"，在庙会之前，人们就开始排练锣鼓、花鼓、赛马、高跷、旱船、狮子、扎梆抬阁、花车、鼓车、戏车等。在稷山、万荣、夏县等地，庙会开始后，各个村庄都饰儿童为百戏，执戈扬盾，导之以幡幄，神之车驾由壮汉轿夫八抬或十六抬始之上庙，以锣鼓、旗卒、执事牌匾为先导，后面肃之以仪仗若干。锣鼓喧天，并有衣冠整齐者一人，手执绣于薄绸之上的神仙画像，下面挂着进香者的榜文。后面跟随高大的彩旗若干，并伴之以纸糊的巨型耕牛、羊、猪等饰物，组成一支浩浩荡荡的队伍，一路敲锣打鼓、跳舞讴歌、挨村迁绕。之后，到庙前鸣炮、焚香、续榜、化缘。观者蜂拥而至，红男绿女，人山人海，妇女登车而望，十分壮观热闹，这一活动是庙会的最高潮。

在农村的集市庙会中，庙会更是沟通自然村落之间的心理交往与信息传递的重要渠道。对于广大农民来说，在交通不便、传播信息手段落后的情况下，大家各处一方，彼此很不容易见面。因而，只有在集市庙会上，人们才有机会碰上不同村庄的人从而解决各种问题。每逢集市和庙会日，

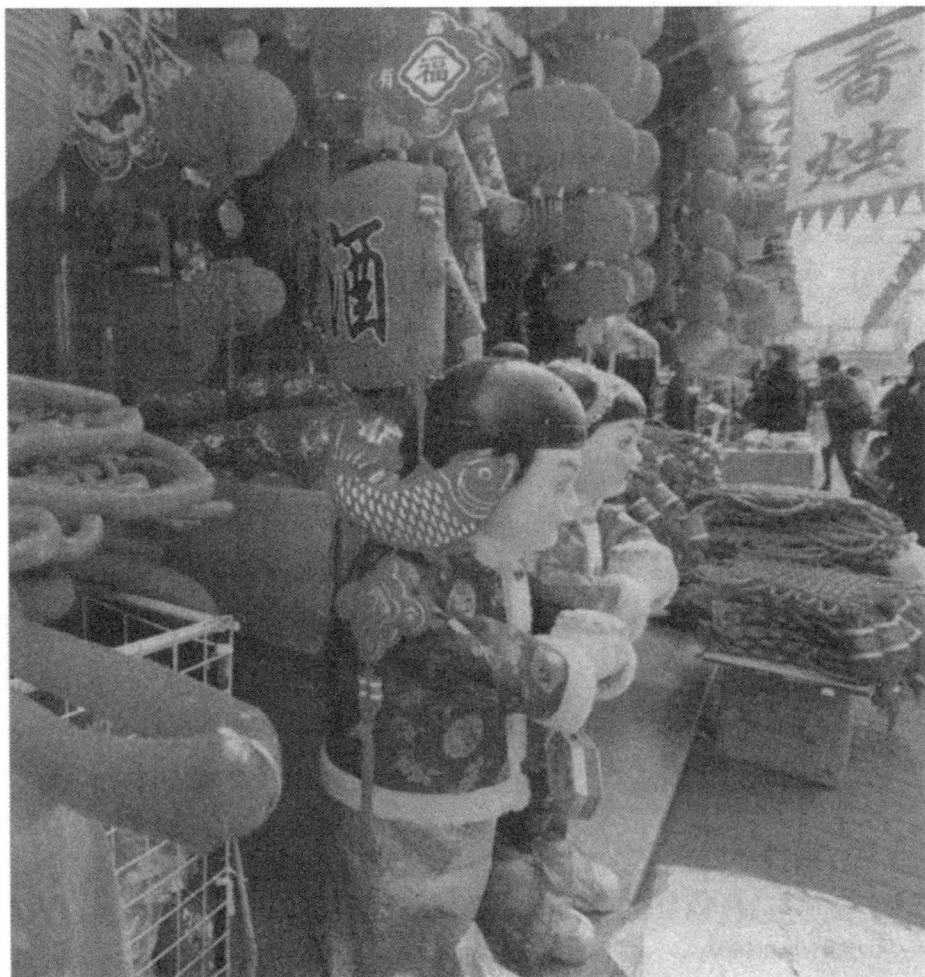

上海城隍庙街市

附近村庄的居民，甚至相当远的村庄居民都
要前来赶集赴会。他们不仅仅是出于买卖东
西的经济需要，也常常是为了进行某些社交
活动，或希望到集市庙会中了解更多自己所
需要的信息。当然很多人是几者兼顾。

古人将山岳神化而加以崇拜

比如，此村姑娘与彼村小伙子的婚姻搭桥，媒人之撮合，双方长辈见面、定亲，往往也都是在集市庙会上碰头解决。而且，农民娶嫁，所需首饰衣服、嫁妆等物件，平时购买困难，借此机会领男携女亲自到会购买，自由挑选，心满意足。如过去的陵川县"俗于榴月念七日为城隍庙会，商

寺庙里的佛像

贾辐辏，邑人终岁所需及婚嫁器用咸于此时置备焉"。

以前村民们没有也无法使用现代的信息传播工具，除了远处的亲友之外，他们几乎不在近距离内写信。喜生贵子、满月日期，定婚与结婚的日子，都以其独特的方式传达给每一个相关者，集市庙会便是一个传递信息的场所，捎口信，访好友都可以办得到。值得一提的是，这种口头传递的方式相当准确、可靠，一般不会误事，丧期则有专门的报丧人，显得格外庄重。

赶庙会

庙会

　　集市的社会交往意义使人们可以在这里消磨掉五六个小时，甚至更多的时间。在农村女儿及姐妹出嫁以后，母女见一面也并不容易，况且农家终生劳作，省亲看女，探亲访友，既无暇时，也无机会。因而，就借集市庙会之期，不约而同，均可会面。他们在这里碰上亲朋好友就会坐下来好好聊一聊，人们的感情由此而更为亲近。这就是为什么很多人走几十里路来赶集赶庙会的原因，其

庙会热闹非凡

中不乏步履蹒跚、头发花白的老人。

此外，集市庙会是本地与外地、各种消息、信息的中心，通过人们集中于庙会、再分散于乡里，本地和外地的各种新闻、消息便在本社区中迅速、广泛地传播扩散，形成具有社会影响的舆论，这对人们的行为具有重要的影响。因此，赶集赴庙会已远远超出经济交往范围而有了社会生活的更深刻含义。

某种意义上讲，庙会还是一个大型娱

乐场所。过去，在集市或庙会上拥有雄厚实力的店铺或具有初级行会性质的商会，都在大型庙会之前，出资或集资邀请一些剧团进行助兴演出，以招徕顾客。而一些剧团和江湖艺人也都是趁机赶来，献艺演出，挣钱糊口。所以，戏曲杂剧的演出是庙会的重要内容。山西的庙会所演出的有山西梆子、北路梆子、蒲剧、豫剧、秦腔折子戏、上党梆子等等，所演的内容故事多为才子佳人、忠臣

庙会上的晋剧表演

庙会上的活动

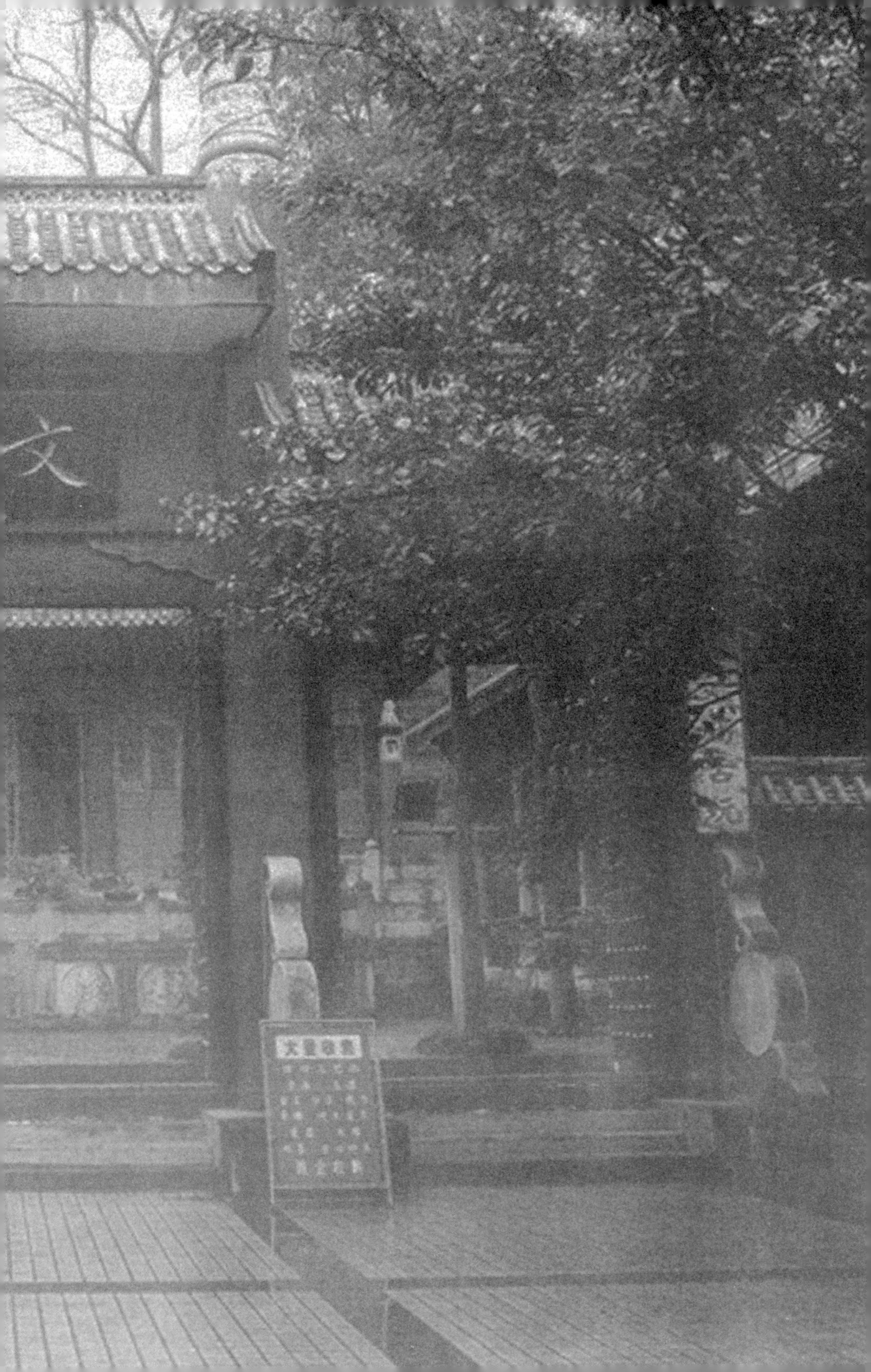
文

孝子之类，庄严悲烈、唱腔优美，非常适合百姓的口味，所以深受人们的欢迎。观剧时，男子坐在前面女子立于后，而大户人家的家眷则坐在自备的轿子当中，秩序井然，人多而不乱。

以前，演员全是男性，到了民国之后，也有女子登台献艺。这样就使广大妇女为之一振，她们更乐于观看女子的演出。而且，女演员的行头装束，一颦一笑，都为女观众们所喜爱。演员的服饰打扮，为人们提供了一种示范，农村妇女的装束也会

庙会上的手艺人

庙会

由此而产生某些变化，娱乐之中，也产生了某些移风易俗之效。此外，集市庙会时，说书者、魔术师、武术表演、西洋镜、杂技以及医卜、星相之流也都充分地利用此机会搭棚献艺。这就使表演娱乐的各种方式汇聚于集市庙会，热闹非凡。

人们可以看到，那些平时起早贪黑，经年劳累而不得空闲的农民群众们会充分利用这一机会享受一下生活的乐趣。他们购买一些自己喜欢的东西，吃着风味小吃，围着耍魔术的人欢笑，目不转睛地盯着江湖艺人耍杂技，为惊险动作高声呐喊，庙会带来的欢乐使人们兴奋的情绪和热烈的议论会持续好长一段时间。

（三）商业活动

集市庙会是传统农村的商品交易之地，也是农民的超级市场。集市与庙会一般以自然村落为址，在乡镇与县城则多设于繁华的街道与交通方便处。一般按照单日、双日、途三、逢五、送七、逢十等多种约定俗成的期限为确定集日或会期，相邻的村庄的集日是不能相同的，必须错开，以免冲突，地方人立集的习惯是：五里内不得有相同的集期。这样，人们如果需要可以一天一集而不冲突，

庙会上商品琳琅满目

表演蹬技的艺人

庙会上的活动

洛带古镇庙会

游商可以交错于各个集市，进行买卖而不误事。

从山西的集市看，各地的集市结构不尽相同。如山西徐沟大常镇集、集文村集、南尹村集，是逢单日的集会。隔五日集在山西较为普遍，也有每旬一集的，如山西的方泉县的集会。隔月集者，如山西介休的张兰镇、郝家堡、湛泉等都是每月十五日当集。

集市的产生适应农村社会的需要，因而，集市的分布取决于自然村落的分布状

庙会上的商品

况、人口的多寡、交通条件和自然环境。当
然，集市的分布同手工业产品的产地也大有
关系。而每一个集市所容纳的赶集人口、辐
射范围也都是一定的。集市与环境、人口、
村庄、交通、物质等因素构成了一个有机的
社会生态结构。

集市的多寡同经济发展水平相关，山区
人口稀疏，经济不发达，集市也就较少，反
之在平原地区，经济较发达，集市也就较多。
但是，在空间分布上，庙会是依附于寺庙而
形成的。所以，无论在分布上，还是在举行

庙会上的活动

日期上，庙会均无一定之规。一般的集市都是日出为市，日落则散，而典型的庙会则持续时间较长，短则一二天，多则数十天。集市或逢三、或逢五便要举行，而庙会更多的是一年一次，或数月一次。当然，有的庙会与集市是合二为一的，所以，二者之间并无严格的区别。

无论是集市还是庙会，商品交易都是主要内容。在交通要塞，大型重镇的集，往往都具有一县或一区之内物资集散地的作用，成为远近居民日常生活用品的交易

地方特色小吃也会在庙会上出现

玉泉寺香火旺盛

场所。民国时期盂县上社镇的集市贸易，每逢集日，人们从四面八方前来赶集，肩挑的、身背的、驴驮的、车拉的，陆陆续续，络绎不绝，一起涌向集市。大街小巷人山人海，哪里都是挤不透的人流。除各家店铺敞开门面大做买卖之外，小商小贩沿街又新设了许多摊子，大的有牲口市、粮食市、煤炭市，小的则有水果、山货、纺织品等等，农民们在这里尽量地推销自己的农副产品，同时换取自己必需的生产资料和日常生活用品。很多土特产如花椒、柿子、核桃、黑枣、棉花、烟、

庙会上的小吃——冰糖葫芦

桔梗、药材、皮毛、杏仁、大麻子都在这里由专门商贩收购后向县、省内外推销，当地的桔梗、烟叶、花椒、核桃驰名全国，还远销海外。

庙会商业的发达，也使许多地方形成了大型专业市场，使其商业的辐射力与物资集散能力大为提高。例如，太谷县的阳春会，有绸缎棚一巷，估衣棚一巷，羊裘棚一巷、竹木器一巷，车马皮套棚一巷。其余的瓷器、铁器、纸张等虽不成巷，亦不算少。在山西北部，马市、驼市均以商品交易为主。会期一般在四至七月内，以骡马交易为主，也有酬谢托福于龙神为目的的，但是为次，至于酬其他神者之会较为少见。此时的骡马早已度过严冬，吃得膘肥体壮，正可出售。借此机会买卖骡马，兼之交易农家收获农具，会期之后，骡马及收割农具正可派上用场。五台山的骡马大会以买卖牲畜为大宗，衣物布匹、杂货、粮食次之，一切食物又次之，每次大会，天津、北京、太原、西安、济南、内蒙古的客商买卖者都赶来进行交易，影响很大。

　　集市庙会的商业功能，与农村居民的生

庙会汇聚了当地的各种民间小吃

庙会上的活动

活最为密切，特别是在山西的很多交通不便的山区，集市的交易价值更为重要，"浮邑地处僻壤，商贾不通，购置货物甚艰，惟……庙会时，招集远近商贾，鬻诸般货物，邑人称便焉"。庙会、集市为百姓调剂余缺、满足日常生活的需要，促使农民及手工业者的小生产能够正常运行，为生产与交换、生产与消费搭起了一座桥梁，使整个社会得以正常运行。

烤羊

（四）庙会小吃

旧时庙会是结合佛、道两教的宗教节日而开放的，人们到庙里去，主要是为了进香，求福祈祥。有些定期庙会，晚期已无香火，演变成纯贸易性的集市，人们逛庙主要是买些土特产和日用百货，顺便看看小戏和杂耍，进行娱乐。对于参加庙会的农民来说，每到会期，每个家庭，不论是贫富，也不分贵贱，一般都会给子女们若干零用钱，购买可口的小吃及零用物品，所以庙会上那种吃食摊子自然也就座无虚席了。

在庙会上经营的风味小吃，有它的特点，一般都是浮摊，有的支个布棚，亮出字号，里面摆了条案、长凳；有的则只将担子或手推独轮车往庙上一停，任人围拢，站立而吃。

经济实惠，适合平民的消费水平。在定期庙会上，吃食摊比较集中；临时节、年庙会则多与土产、百货、卖艺者间杂在一起。

北京的庙会上的小吃其实多半是北京日常街头巷尾叫卖的吃食，具有北京地方特色，适合北方人的口味，形成固定套路。长期以来，在庙会中买卖的小吃的品种基本上没有什么变化，如：豆汁，扒糕、凉粉、灌肠、羊霜肠、茶汤、油茶、豆面糕、炒肝、炸丸子、艾窝窝等。

有人说，豆汁是清朝时老旗人的吃食，其实喜欢喝豆汁的人并不局限于民族，也

豆汁

不拘贫富。旧时，穿戴体面者如果坐在摊上吃灌肠或羊霜肠，就会被人耻笑，但在摊上喝豆汁则不足为耻。卖豆汁的照例是从粉房将生豆汁趸来，挑到庙上，就地熬熟。前边设个长条案，上摆四个大玻璃罩子，一个放辣咸菜，一个放萝卜干，一个放芝麻酱烧饼、"马蹄"（此系另一种形式的烧饼，状如马蹄，故名。有椒盐马蹄、两层皮的水马蹄之分），一个放"小焦圈"的油炸果。案上铺着雪白桌布，挂着蓝布围子，上面扎有用白布剪成的图案，标出"×记豆汁"字样。夏天还要支上布棚，以遮烈日。经营者通常

扒糕

庙会上的活动

喜气洋洋的北京地坛春节庙会

为一二人，不停地向游人喊道："请吧，您哪！热烧饼、热果子，里边有座儿哪！"

扒糕是用荞麦面和榆皮面做成的小圆坨，如烧饼大，蒸熟后，夏天放在冰上镇着；冬天则放在炉铛上，加油炒热，谓之热炒扒糕。夏天卖扒糕的多是与凉粉一起卖，有粉块、粉皮，还有小拨鱼儿，都浸在盛有冷水的大木盆里。与卖灌肠、豆汁的一样，搭棚设座。案上摆着作料罐：用花椒油拌过的酱油、芝麻酱、醋、蒜汁、芥末、辣椒油等。等到有顾客来吃时，才临时调

大碗茶

上这些调料。经营者仅一二人，不停地吆喝：

"筋道的扒糕，酸辣的凉粉啦，请吧您哪！"

灌肠本应是用猪大肠灌上碎肉和淀粉，蒸熟后削片在铛上用大油煎烙。如后门桥华安居、福兴居所卖，质量甚精。但庙会上所卖的灌肠却只用淀粉点上红曲水，做成肠形（即粉坨子）削成小块在铛上用不太好的汤

"拉洋片"现在已经很少能见得到了

油半煎半烙，使其外焦里嫩，然后浇上蒜汁盐水，用竹签扎着吃。

羊肠子灌上血，肠子上的油白似秋霜，故名霜肠。过去，羊肉床子里只卖生的，讲究的，里边还灌了羊脑儿、脊髓。小贩趸来后，进行加工，炖熟后，状如小小的红哑铃，煞是好看。吃时，加上芝麻酱、酱油、醋、香菜。庙会上，小贩多是用一

庙会上出售的年货

辆独轮小车，上边按炉坐锅，锅旁摆调料罐、
碗筷。顾客吃的时候可席地而坐，或蹲或站。

茶汤是炒熟的糜子面，放上红糖，用滚
开的水一冲即成。油茶是用牛油或素油将面
粉炒熟，放上糖，用滚开的水一冲。茶汤和
油茶都有所谓"八宝"之说，其实就是加上
山楂条、青红丝、葡萄干、核桃瓤、瓜子仁
等一些果料，使之香甜可口，别有风味。经

招商热线

北京地坛庙会的舞狮表演

营此业的多兼营"藕粉"。通常是设一把紫铜的大茶汤壶，保证随时有开水可用。

豆面糕又名"驴打滚儿"，早年从乡下传进城里，是黏糕的一种。其做法是将黄黏米面蒸熟后，摊开铺平，撒上熟豆面和红糖，然后卷起来一切，状如螺丝转儿。还有的用豆沙或红糖包成像鸡蛋大小的团子，滚上炒豆面，放在小碟里，有的还浇上"糖稀"，吆喝道："豆面糕来，要糖钱！""滚糖的驴打滚啦！"在庙会上经营此业的多系回民，只用一辆手推车，车上的铜活擦得铮光瓦亮，引人注目，以此招徕生意。

炒肝名为炒肝，实际上是烩肥肠加上一点点肝（并没炒），用白汤或口蘑汤勾上芡，略放蒜泥少许。讲究的还要浇上炸花椒油，这样，喝起来可以爽口。庙会上的卖炒肝的棚子多兼营包子、烧饼。

炸丸子是以豆面加上碎粉条炸出的丸子。其吃法有两种，一种是清汤五香白煮的，还要加上些炸豆腐泡儿，谓之炸丸子炸豆腐。吃的时候放些醋、香菜末和辣椒油。另一种是用煮肉的汤勾上芡，成为卤煮丸子，吃的时候放些蒜泥。因为吃主儿都是

庙会上的小吃

劳动人民，故老北京谓此为"洋车丸子"。
后者，有兼营山东大锅饼的。

艾窝窝是将蒸熟的江米擀成小饼，包
上冰糖渣儿、山楂糕、芝麻、青梅、抟成
元宵形，裹上糯米粉，使之不粘在一起。
一般有白糖、澄沙、枣泥几种。为区别起见，
上边都做了红点记号。庙会上卖艾窝窝的
往往也卖元宵、年糕。

庙会上的活动

上述这些个小吃摊点，亦担亦摊的为多，挑起来是个担子，放下来是个摊子。营业时，仅用一根木头搭起个方形旱伞布棚而已。此外，还有面茶、杏仁茶、江米粥、炸糕、炸肠、带汤的糖豌豆，不一而足。以上这些品种，除羊霜肠等个别品种外，大部分都保留下来了，已见之于近年春节的新型"庙会"上。

四　当代庙会的发展

专注的吹糖人艺人

一年又一年，庙会成为一个传播中华文化的大舞台。从自发开始，到形成习惯，最终为历史所接纳。庙会的发展历史也是一个不断创新的过程，作为中国传统风俗中的一种典型集体活动，庙会随着经济发展和人们的生活需要，掺进了经济交易活动，增添了娱乐项目，并且逐渐形成为一种在固定日期定点举办的盛会。自20世纪60年代起，庙会也曾在人们的生活中短暂地消失了一段时间，直到改革开放后的八九年里，一些现代化的庙会才相继开办了，随着表演活动的丰富，现代庙会的形式和规模较之以前已大有不同。

（一）传统庙会在当今的局限

现代庙会作为一个复杂历史阶段后兴起和发展的活动，在一个经济、政治、文化已经发生了很大调整的社会中，已经和传统庙会有很大的不同。传统庙会大都以供献天帝、祭祀神灵、祭奠祖先、驱邪禳灾、祈祷丰年为缘起和核心，多由当时社会上的头面人物与宗教职业者为主自发组织，而当今社会的庙会政府部门的组织作用日益突出。由于政

重庆壁山文庙大成殿围墙上的象头石雕

当代庙会的发展

府部门的介入和参与统筹，调动各方力量协调一致，使庙会活动有序化程度有所提高。

传统庙会文化以宗教活动为核心，民间民俗活动和商品经济交易附着于宗教活动。当代庙会旨在弘扬民族文化，与隆重的祭祀神灵活动相结合，活跃商品经济。因而举办单位对庙会全部活动进行周全规划，统筹安排，认真管理。传统庙会文化主要以宗教活动来吸引广大群众，当代庙会文化主要依靠大众文化的社会地位和社会功能，影响调动社会各方面力量，开展社区活动，形成地域范围的多方面、多层次的大文化的交流。

传统庙会文化活动的一个特点是自发性，

外国人也来赶庙会

庙会

容易聚合，容易散失。当代庙会文化活动有专
业和业余文化工作者自觉介入，目的明确。传
统庙会文化往往带有封闭与神秘的色彩。当代
庙会文化在科学昌盛的今天，已经成为发展文
化、经济和开发旅游事业的资源之一。传统庙
会文化，出于科技不发达，所以文化活动形式
相对而言较为简陋。

（二）现代庙会中的气象

庙会文化的重新兴起和活跃给我们这样一
个启示：庙会文化作为群众文化活动和民族传
统文化的重要部分，应具备更加厚重的文化功

能和经济功能。

在文化方面，庙会上的活动适应广大受众的接受能力和审美需要。人们在生活中需要娱乐和感情宣泄，庙会提供了一个机会，在这个共享空间中，人们可以走走看看，消除身心劳累，这是其一。其次，爱美是人的天性，在庙会活动中，无论是宗教祭祀礼仪、民间戏曲、民间民俗文化、文娱体育活动或五光十色的商品展会，都可以使人赏心悦目，在精神上达到愉悦。第三，人们对知识的渴求，使人们希望能认识世界，了解上自天文地理，下至鸡毛蒜皮，以及身边发生的无数的新鲜事。人们通过在大众化的庙会文化中的广泛接触，逐渐丰富和充实自己的知识储备。庙会传承和发展了民间民俗文化，在庙会活动中，人们互相学习、交流，不断地发展和再创造。如，宗教音乐、民间舞蹈、民间绘画、民间手工艺品、体育活动、民间游艺……正是通过庙会活动不断地延伸、继承和发展，才保证了今天民俗文化的完整性。庙会是认识社会的窗口，是一幅幅活生生的"风俗画"，使人们认识社会的客观存在。许多思想家、社会活动家、民俗学家、文

重庆璧山文庙大成殿石磴

庙会

北京庙会京剧演出后台

艺家等都把庙会当做他们观察社会、了解社会的"窗口"。对庙会文化中所表现出来的人生态度、价值取向、思维方式、道德情操、审美趣味、宗教情结以及生活习俗、行为方式等方面的研究，实际上是研究和观察一个地区的性格和精神。

在经济方面。庙会是农村和城镇一定区域的政治、经济、文化、技术、信息中心，与发展经济关系极为密切。庙会在城乡交流中可以起到纽带作用，是农民日常生活用品交换、调剂的场所，可在农民之间、社队之间、城乡之间，互通有无，调剂余缺，它对促进

当代庙会的发展

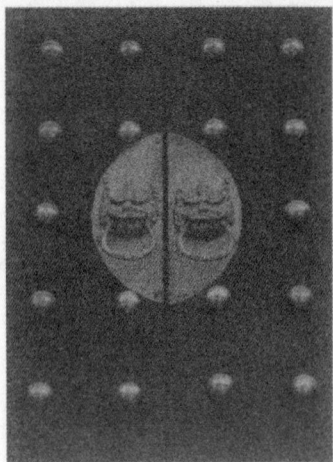
文庙大成殿大门

城乡生产的发展，繁荣城乡经济，改善城乡人民生活都有重要作用。在改革开放时期，许多经济实体改变了传统社会身份，自由进入庙会，使得庙会经济活动更活跃，有助于经济进一步发展。

我们还应该清醒地看到，庙会经济作为一种特殊的经济形式，不但有经济的直接功能，而且对意识形态也产生巨大作用，也就是说，商品经济对宗教的最大冲击是把人们引向物质利益的追逐，讲究经济效益，重视实利，其目的是为了直接取得价值，最大限度地追求物质利益。

综上所述，庙会文化实际上是一种社区文化（乡土文化）、通俗文化，是反映社会生活的、大众的、通俗的文化层次，是某种共同的心理、感情、信念、价值标准、道德情操、风土习俗、生活方式、宗教礼仪、行为规范等等的综合文化，具有一定的塑造力、约束力、感召力和凝聚力。

在人们的记忆中，庙会曾经是集聚了各种传统文化符号的舞台。在这里，可以看到东北的二人转、山东的大秧歌、老北京的天桥杂技、各地特色的食品点心和谐地结合在一起，这是一个美好回忆的嘉年华。

庙会是一个热闹的去处，也是一个和谐生活的典型体现。人们逛庙会，极少看见不和谐的事物出现于其中，也极少听见不吉祥的声音。随着时代的变化，和谐不但是一种继承，更是一种发展。今天的庙会，成功地融入了现代文化的内容和全球视野下的中国式理解，这正是一个和谐社会的缩影。而更多的外国艺术家在"洋庙会"上一展身手，正是在证明中国传统文化舞台的巨大吸引力。从这个意义上说，庙会体现出了传统节庆形式的崭新生命力。

在一个多元化的社会空间中，和谐并非单调的声音，而应当是更加丰富的旋律。要知道，最动听的春节序曲不能用一种乐器演奏，只有多种乐器的美妙组合才能奏出美妙的旋律。最和谐的社会也不能用一种传统充盈，各种传统与文化思想的良好互动，才是社会物质和精神财富富足的体现。只有新事物、新文化的进入，才能为传统的舞台增添新的亮点，激发自我创新与改革的精神，从而为民众提供喜闻乐见的艺术和文化形式。

庙会文化是我国灿烂民族文化的重要组成部分。随着社会的进步，现代意识的注入，

庙会上的车技表演

当代庙会的发展

117

北京厂甸庙会

庙会内容不断变化，使庙会文化既有保存、继承的价值，又有发展创新的前景。我们逛的是我们过去、现在和将来的生活，从远古逛到今天，从今天逛到未来。每次逛庙会，中国人都会历数一次生活的精彩。而今天，中国与世界已经不可分割，传统和现代也正在融为一体，在这个背景下，庙会也承载了从未有过的厚重。

根据本地区区域情况，枳极地打造出一种有地方文化特色的庙会活动，不仅在群众当中会收到好的反响，而且能够作为一个舞台，把属于本地区的文化向外界展示出来，更能带动当地特色文化经济的发展。

庙会